JN122934

日本の公的医療保険とモラル・ハザード

寺井 公子

三菱経済研究所

序文

　日本の高齢者人口割合，人口高齢化の速度は，他の先進国と比較して抜きんでている．生産年齢人口に対して高齢者人口が増加したことが，世代間の支え合いの性質を持っている年金保険，医療保険等，社会保障制度の持続可能性を脅かす，重要な問題と認識されるようになって久しい．社会保険である年金や医療に対して国庫負担が行われており，人口構造の変化は，国庫負担の変化という財政上の問題につながる．社会保障関係費は，今や一般会計歳出予算（当初予算）のほぼ1/3を占める．日本は先進国の中でも政府債務対GDP比が極めて高い国であるが，実は財政の持続可能性は人口高齢化，社会保障制度の持続可能性と強く結びついている．

　年金保険と医療保険は退職後の生活を経済面で支える役割を果たしており，退職世代だけでなく，現役世代も強い関心を示す重要な政策課題だが，ミクロ経済学的視点から眺めれば，二つの社会保険には大きな相違がある．年金保険は，現役時に年金保険料を納めた被保険者が退職した後，生存している限り年金を給付する．個人貯蓄を代替し，高齢者の所得を保障する役割を果たしている．保険者である政府が，制度設計の際に考慮に入れるべきは，被保険者の労働供給行動や消費（貯蓄）行動である．一方，医療保険の運営には，被保険者のほかに，医療サービスの提供を行う医師等，他の経済主体が関わっている．また，被保険者の医療機関窓口での一部負担割合の変更は，被保険者が直面する医療サービスの価格の変更につながる．したがって，政府にとって，医療保険の設計は，価格政策の側面を持っている．政府の財政上

の負担も，被保険者や医師の価格変化への反応に影響を受ける．

　本研究では，保険者である政府が，医療サービスの提供を医師に委任せざるを得ず，また，病気の被保険者の負担を，出来高払いで支払われる医療費の一部負担という形式で徴収せざるを得ないとき，どのような自己負担のあり方が次善の策となるのかについて考察する．その際に，医療サービスを受けるときに支払う価格の実質的低下に反応して発生する，被保険者の医療サービス需要の増大—モラル・ハザード—に着目する．所得が高くなく，通院や入院の機会費用が小さい高齢者に，窓口負担割合の設定だけでなく，高額療養費制度によっても所得水準別の配慮を行うことは，低所得の高齢者が直面する医療サービス価格のいっそうの低下を通じて，医療サービス利用の増大を招く可能性がある．低所得の高齢者への配慮は，医療保険料の設定においても可能であり，医療保険料支払い時と医療費支払い時の，望ましい負担の組み合わせを探る必要があることを指摘する．

　本書の構成は以下の通りである．第1章で，分析目的と関連する先行研究について述べる．第2章で，医療経済学の分野で用いられているモラル・ハザードの概念について整理する．その際，医療保険にまつわる逆選択，医師誘発需要との相違を明らかにする．第3章で，所得と健康状態の被保険者間の多様性を考慮に入れたモデルを構築する．第4章で，ベンチマークとして，保険者が被保険者の健康状態を正確に知ることができ，健康状態にふさわしい医療サービス提供を医師に強制できると仮定し，ファースト・ベストの医療保険と資源配分を求める．第5章で，保険者が，医師に被保険者の健康状態の診断と医療サービスの提供を委ねざるを得ず，また，被保険者の自己負担を，利用した医療サービスに基づいて徴収せざるを得ない場合について，セカンド・ベストの医療保険と資源配分を求める．第6章で，理論分析の結果から得られる我が国の医療保険制度への含意と，実証分析を行った先行研究から得らえる示唆について考察する．第7章で結論を述べる．

謝辞

　本書の執筆にあたり，多くの方々からご支援，ご指導を頂戴した．土居丈朗 慶應義塾大学教授には，本書を執筆する機会を与えていただいた．滝村竜介 公益財団法人三菱経済研究所常務理事，井深陽子 慶應義塾大学教授には，本書の草稿に対し，貴重なご助言を頂戴した．滝村常務理事からいただいた，我が国の医療制度とマクロ経済との関連性についての視点，井深教授からの医療経済学の知見に基づく建設的なコメントは，本書の執筆を進めるうえで，大きな一助となった．ここに記して，心より感謝申し上げる．

　2019 年 11 月　　　　　　　　　　　　　　　　　寺井　公子

目　　　次

第 1 章　はじめに

　人口高齢化の進展により，我が国の社会保障制度の持続可能性についての議論が高まっている．図 1 のグラフは 1973 年度から 2016 年度までの高齢者関係給付費の推移を描いたものである．年金保険給付費の大きさが目立つが，高齢者医療給付費も着実に増大している．福祉元年の前年である 1972 年度は，国民医療費は 3 兆 3994 億円で，人口 1 人当たり 3 万 1600 円，国内総生産に対する比率は 3.52％だった．2016 年度は国民医療費は 42 兆 1381 億円で，人口 1 人当たり 33 万 2000 円，国内総生産に対する比率は 7.81％に伸長している．医療費の増大は，財政運営に大きく影響する．医療保険に対して国庫補助が行われているからである．2019 年度一般会計歳出当初予算に占める社会保障関係費は 34.2％，そのうち，医療給付費に分類される支出の社会保障関係費に占める割合は 34.9％に上る．人口高齢化だけが医療費増大の原因とは言えないが，日本の将来推計人口を表した図 2 から明らかなように，今後総人口に占める 65 歳以上人口の割合が増大し，現役世代の各人が負う財政負担が重くなることを考えると，我が国の医療制度のどのような点が，医療サービス消費の増大に深く関わっているのかを分析することには，意義があると思われる．

　本書は，社会保障制度の中でも特に医療保険制度に着目し，保険とモラル・ハザードに関する基本的な理論モデルに最適課税理論を応用しながら，保険者，医療サービス提供者，被保険者間の情報の非対称性が，被保険者の医療サービス需要に関するモラル・ハザードを誘発することを示す．医療経済学分野では，どの程度モラル・ハザードが発

図1　高齢者関係給付費の推移

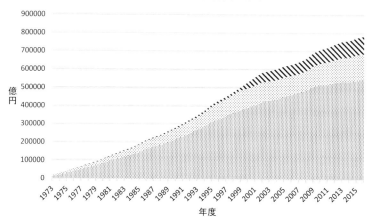

データ出典：「平成 28 年度社会保障費用統計」

図2　将来人口推計

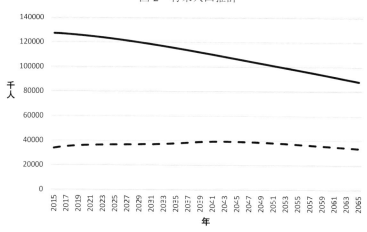

データ出典：「日本の将来推計人口（平成 29 年推計）出生中位（死亡中位）」

生しているかを，医療サービス需要の価格弾力性を用いて計測してき
た．モラル・ハザードの発生に関してこれまで蓄積されてきた実証分
析も合わせて紹介する．医療財政の悪化をもたらす要因として，被保
険者による過剰な需要—モラル・ハザード—のほかに，医師による誘
発需要の可能性も指摘されてきた．本研究は，政府による患者の窓口
負担割合の調整のほかに，フリー・アクセス制度下の医師間の競争を
理論モデルに組み込むことによって，医師による過剰投資と医療サー
ビスの過剰利用が併存する結果を示している点で新しい．

　本研究は，人口高齢化が進行する我が国の医療保険制度について，
示唆を得ることを目的としているが，理論モデルの構築にあたっては，
個人間の異質性に配慮した最適課税理論の公的医療保険への応用研究
(Blomqvist and Horn, 1984; Blomqvist, 1997; Cremer and Pestieau, 1996;
Breyer and Haufler, 2000 など) を参考にしている．このような先行研究
では，個人が稼得能力や病気になる可能性について異なるとき，公的
な医療保険が再分配の役割も担うことを想定して，最適課税理論を応
用した分析を行っている．

　また，本研究は，モラル・ハザードを考慮に入れた最適医療保険の
分析（Pauly, 1968; Zeckhauser, 1970; Ma and McGuire, 1997 など）にも
依拠している．Pauly (1968) は，個人の医療サービスへの需要が価格に
対して完全に非弾力的でないならば，保険が適用され，医療サービス
に支払う価格が実質的に低下することによって，モラル・ハザードが
生じることを指摘した．非常に重篤な病気の治療については，需要の
価格弾力性が低いので，そのような病気に対しては，保険を設定する
のは望ましいとも述べている (pp. 534–535). Zeckhauser (1970) の研究
は，危険回避的な個人間のリスク・シェアリングとモラル・ハザード
のトレードオフを考慮すれば，被保険者の一部負担は完全なリスク・
シェアリングを妨げるが，モラル・ハザードの解決につながることを
示している．

　次章以降，最適課税理論に基づくモデルと，最適医療保険の分析に用いられてきた従来のモデルを結合させた Nuscheler and Roeder (2015) のモデルを参考にしながら，我が国の公的医療保険の特徴を反映させた理論モデルを構築する．まず次章で，モラル・ハザードの概念を整理し，関連する実証分析を紹介する．

第 2 章　モラル・ハザード，逆選択，医師誘発需要

　Arrow (1963) が示すように，ファースト・ベストの医療保険契約は，行われた治療ではなく，個人の健康状態に基づいて，給付を支払う．保険者は健康状態が悪化した被保険者に対して，事前に契約によって決められていた金額を支払い，被保険者は事後的に医療サービスの利用についての意思決定をすればよい (Ma and McGuire, 1997)．このように，実現した健康状態に基づく給付は，個人を経済的リスクから守り，かつ個人が医療サービスを効率的に利用するインセンティブとなる．このようなファースト・ベストの医療保険が実際には採用されないのは，被保険者の健康状態を証明することは難しく，したがって健康状態に基づく契約が書けないからである (Ma and McGuire, 1997, pp. 685–686)．

　Finkelstein (2014) によれば，後の医療経済学の発展に大きな影響を与えた Arrow (1963) は，医療保険におけるモラル・ハザードの存在を，"medical insurance increases the demand for medical care" と表現した．Finkelstein (2014) はまた，医療経済学分野の先行研究において，モラル・ハザードに関する 2 つの視点が存在することに触れている．すなわち，事前のモラル・ハザード (*ex ante* moral hazard) と事後のモラル・ハザード (*ex post* moral hazard) である．事前のモラル・ハザードは，医療保険に入り，病気になっても医療費が保険から支払われることを予想し，健康を維持するための投資や疾病予防を怠ることを指す (Ehrlich and Becker, 1972)[1]. 一方，事後のモラル・ハザードは，医療保険に入っても健康への投資，健康状態は変化しないと仮定したうえで，医療保険に入り，直面する医療サービスの価格が低下することによって，被保険者がより多くの医療サービスを受けようとすることを指す (Pauly, 1968). 過去の実証分析においては，事後的モラル・ハザードを医療サービスの需要曲線，特に医療サービス需要の価格弾力性として把握しようとする努力が行われてきた．事後的モラル・ハザードの存在については，医療サービスは価格よりも，健康上の必要性に基づいて需要されるのではないか，という批判もあったものの，後の章で紹介するように，いくつかの重要な実証分析が，医療保険制度の変化による医療サービスの価格の変化が，医療サービス需要と医療費を増大させてきたことを示している．

　情報の非対称性がもたらす問題として，モラル・ハザードと逆選択を識別することは重要である．保険者と個人との間に，個人の病気にかかるリスクの大きさについての情報の非対称性が存在することによって，病気にかかるリスクが低い個人にとっては割高な保険料が設定され，このような個人が市場から淘汰される一方で，病気にかかるリスクが高い個人が市場に留まる逆選択が発生する (Rothschild and Stiglitz, 1976). 逆選択問題が発生しているとき，医療保険に加入している個人のほうが，そうでない個人に比べて，多くの医療サービスを利用することになるはずである．

　前述の Finkelstein (2014) は，医療保険需要を増大させる要因として，次の 3 つを挙げている．第 1 は，個人のリスク回避的選好である．消費の限界効用が逓減する個人は，消費水準が低いときに消費が減るこ

---

[1]Ehrlich and Becker (1972) は，好ましくない状態を回避するための，保険加入と代替的な方法として，発生する損害を低くするための self-insurance と，発生する確率に影響を与える self-protection を挙げている．特に後者の例として，病気への抵抗力を強くするための医薬品，食事，検査を挙げ，保険への加入が self-protection に対してのディスインセンティブになるかどうかについて議論している．

とで, 効用が大きく低下することを恐れる. 消費を減少させるリスク
が個人間で独立に分布しているとき, 保険者による被保険者のリスク
のプールは, 被保険者の期待効用を改善する. 第 2 に, 逆選択による
ものである. 個人間で病気にかかるリスクに差があるとき, リスクの
高い個人ほど医療保険を強く需要する. 一方で, リスクの低い個人は
淘汰され, 医療保険市場から退出する. 第 3 の要因はモラル・ハザー
ドと関連している. たとえ個人が同質であっても, 医療サービス需要
の価格弾力性が高いならば, 医療サービスの価格を低下させる医療保
険への需要が増大することが予想される.

　Finkelstein (2014) はさらに考察を深め, 医療サービス価格への反応
の度合が個人間で異なるとき, 医療保険制度改革が, 医療費抑制とい
う点で, 望ましい効果を生まない可能性があることを指摘している.
Finkelstein (2014) の推論に従えば, たとえば政府が保険料は安いけれ
ども, 自己負担割合が高い医療保険プランと, 保険料は高いが自己負
担割合が低いプランという複数の選択肢を設定した場合, 前者を選択
するのは, 価格に対する反応度がもともと低い個人であり, そのよう
な個人は, 自己負担割合を上昇させても, 医療サービスの消費を大き
く減らさないので, 医療費はさほど抑制されないことになる. また, 同
じ個人であっても, 病気の種類によって, 価格に対する反応は異なる
だろう. 救急医療を必要とするような重篤な状態であれば, 自己負担
割合が高くても, 利用を抑制したりはしないだろう. このように, 事
後的モラル・ハザードという概念は, 価格弾力性という計測可能な指
標によって把握されることで, 医療保険設計に関する実証分析を大き
く進展させることになる[2].

　一方, Gruber (2014) は, 個人の側のモラル・ハザードよりもむしろ,

---

　[2]我が国の医療サービス需要の価格弾力性の推定値については, 井伊・別所 (2006) の
サーベイを参照のこと. そこでは, 海外の研究結果も合わせて, 価格弾力性は概ね -1
より大きく推定されていることが述べられている.

医療サービス提供者の側のモラル・ハザードのほうが，より重大だと指摘する．医療サービス提供者が患者をどれだけ健康にしたかでなく，どれだけの医療サービスを施したかに基づいて，医療保険から報酬を得るとき，医師が医療サービス需要を誘導するようになる (p. 47)．医療サービス提供者の側のモラル・ハザードを解消することが，増大する医療費のコントロールにつながると述べる．

　次章では，我が国の公的医療保険制度を念頭に，被保険者の事後的モラル・ハザードと医師による過剰投資を導出する理論モデルを構築する．ファースト・ベストの医療保険を実行することができない環境では，政府による経済面および健康面での弱者への配慮が，事後的モラル・ハザードの発生と強く結びついていることを示す．

第 3 章　モデル

3.1　個人（被保険者）

$[0,\bar{s}]$ $(\bar{s}>0)$ の閉空間上に，被保険者が一様分布に従って居住している．被保険者は居住地のほかに，所得と健康状態の 2 つの側面においても異なる．所得面では，すべての被保険者は高所得 y_r の個人と低所得 $y_p(0<y_p<y_r)$ の個人とに分類される．所得水準が y_i の被保険者を $i=r,p$ で表す．また，すべての被保険者は健康状態が良い個人 ($j=g$) と健康状態が悪い個人 ($j=b$) の 2 つのグループに分類される[3]．健康状態が悪いことによる効用の損失を l $(l>0)$ で表す．

θ_{ij} は，個人の所得水準が $i=r,p$，健康状態が $j=g,b$ である確率を表す．所得と健康状態の確率分布は個人間で独立である．また居住地とも独立である．$\theta_i\equiv\theta_{ig}+\theta_{ib},\theta_j\equiv\theta_{rj}+\theta_{pj}$ とする．θ_{ij} の分布について，次の仮定をおく．

Assumption 1.　各被保険者が高所得者になる確率と低所得者になる確率は等しい $\left(\theta_p=\theta_r=\frac{1}{2}\right)$．また，高所得かつ健康状態が良好である確

---

[3]Zeckhauser (1970) は，個人の健康状態を，完全に健康，虫垂炎，がんの 3 種類に分類した．完全に健康な場合は医療費支出は個人の効用を上昇させないが，虫垂炎にかかっている場合，ある水準までの医療費支出は，個人の効用を改善する．がんの場合は，抗がん剤治療に対する支払いが多額になるため，保険によるリスク・シェアリングが重要であろうと述べている．本モデルでは，Zeckhauser (1970) と異なり，健康状態を健康であるか，病気にかかっているか，の 2 種類に分類し，公的医療保険による健康な個人から病気の個人への所得再分配について考察を深めている．

率は，低所得かつ健康状態が良好である確率と等しいか，それよりも高い $(\theta_{rg} \geq \theta_{pg})$.

　最初の仮定は，経済全体で高所得者と低所得者の割合が等しく，どちらかのグループに極端に多い被保険者が属しているわけではないことを表している．また，2番目の仮定により，高所得者に占める健康な被保険者の割合は，低所得者に占める健康な被保険者の割合と等しいか，それよりも高くなる．この仮定は，高所得者のほうが低所得者に比べて，栄養豊かで，栄養のバランスが良い食生活を送ることが可能であり，また，病気の予防に支出できる経済的余裕があることを反映している．

　健康状態が悪い被保険者への医療サービスの提供者として，経済に2人の医師 $h = 1, 2$ が存在する．医師1は1次元空間 $[0, \bar{s}]$ 上の地点0で，医師2は地点 $\bar{s}$ で，それぞれ診療を行っている．医師は被保険者の所得水準を知ることはできないが，健康状態を正確に診断することができる．健康状態が悪い，病気にかかった個人が，医師による治療を受けることで，健康状態は改善され，病気による効用の損失の1部を回復することができる．具体的には，所得層 i に属する，健康状態が悪い被保険者が，医師 h から受ける医療サービスの質を x_i^h $(x_i^h \geq 0)$ で表す．また，k^h $(k^h \geq 0)$ は医師 $h = 1, 2$ が所有している物的あるいは人的資本である．病気の被保険者が医療サービスを受けることによって得る健康への効果を，$f(x_i^h, k^h)$ で表す．

Assumption 2.　$f(x_i^h, k^h)$ は次のような性質を持つ．

- $\frac{\partial f}{\partial x_i^h} > 0$, $\frac{\partial^2 f}{\partial (x_i^h)^2} < 0$ を満たす．

- $\frac{\partial f}{\partial k^h} > 0$, $\frac{\partial^2 f}{\partial (k^h)^2} < 0$ を満たす．

- $\frac{\partial^2 f}{\partial k^h \partial x_i^h} = 0$ を満たす.

- $f(0, \cdot) = 0$ が成立する.

- $0 \le f(x_i^h, k^h) < l$ を満たす.

　最初の仮定は，健康状態が悪い個人に，より質の高い医療サービスを投入することによって，健康状態は改善するが，改善の度合いは逓減することを示している．資本の効果も同様である．医療サービスの質の上昇は，資本の限界生産性に影響を及ぼさない．また，資本の増強が医療サービスの質の限界生産性に影響を及ぼすこともない．すなわち，資本の効果と医師による医療サービスの効果は完全に代替的である．治療を施さないと，健康を回復させることはできないが，治療が，病気による効用の損失を完全に回復するわけではないことも示されている．

　被保険者の効用は健康状態だけでなく，財消費からも発生する．被保険者の財消費は，財で測った可処分所得に等しく，以下の式で与えられる．

$$c_{ij} = y_i - t_{ij}. \tag{1}$$

c_{ij} は所得階層が i で健康状態が j の個人の財消費，t_{ij} は所得階層が i で健康状態が j の個人が医療保険に納める負担である．ただし，保険者が被保険者の健康状態を把握できなければ，負担を健康状態に基づいて課すことはできない．このような情報の非対称性が存在する場合の被保険者の負担については，第 5 章で改めて定式化する．

　所得階層が $i = r, p$，健康状態が $j = g$ の被保険者の効用は，

$$u_{ig} = c_{ig}. \tag{2}$$

一方，所得階層が $i = r, p$，健康状態が $j = b$ の被保険者の効用は，居

住地 $s \in [0, \bar{s}]$ にも依存する.

$$u_{ib}^s = c_{ib} - l + f(x_i^h, k^h) - |s - s^h|. \tag{3}$$

ただし,$s^1 = 0, s^2 = \bar{s}$ は受診する医師 $h = 1, 2$ が開業している地点を表す.$|s - s^h|$ は通院の機会費用に該当する.(3) から,病気の被保険者の医療サービスの利用は,健康状態への影響と,医療保険財政を通じて財消費に与える影響との,2 つの影響を自らの効用に及ぼすことがわかる.また,(2) から,病気の被保険者の医療サービスの利用が,医療保険財政を通じて,健康状態が良好で,医師にかかっていない被保険者の効用にも影響をもたらすかもしれないこともわかる.

3.2 医師(医療サービス提供者)

病気の被保険者を診察した医師 h に,医療保険から支払われる報酬は,次のスキームに則って計算される.

$$p^h = \rho^h + (1 + \mu)x_i^h. \tag{4}$$

ρ^h は固定報酬部分,$\mu \ (\mu > 0)$ は付加利益率を表す.

医師の利潤は,医療サービスの提供によって生まれる利益と,投資の費用に依存する.被保険者が受診したときの医師の利益は,

$$p^h - x_i^h = \rho^h + \mu x_i^h, \tag{5}$$

である.ここで,$\rho^h + \mu x_i^h$ は,医療サービス提供にかかる費用を超えて,医師が得る利益を表す.

医師が医療サービスの提供に参加するために,次の参加条件が満たされていなければならない.

$$\sum_i \theta_{ib} n_i^h \left(\rho^h + \mu x_i^h \right) - v(k^h) \geq 0. \tag{6}$$

n_i^h は，所得層 i の病気の被保険者のうち，医師 h を受診する者の割合を表す．$v(k^h)$ は投資の費用で，$v' > 0, v'' > 0$ を仮定する．

3.3　政府（保険者）

Nuscheler and Roeder (2015) にならい，保険者である政府は，被保険者間の公平にも関心を持っていると想定する．政府の分配への関心を，次のような社会厚生関数によって表現する．

$$W = \sum_i \theta_{ig} \xi\left(u_{ig}\right) + \int_0^{\bar{s}} \sum_i \theta_{ib} \xi\left(u_{ib}^s\right) \frac{1}{s} ds. \tag{7}$$

ただし，$\xi' > 0, \xi'' < 0$ を仮定する．

　政府は，医師への支払いを，被保険者の負担によって賄わなければならない．政府の予算制約は次の式で与えられる．

$$\sum_{ij} \theta_{ij} t_{ij} = \sum_{hi} \theta_{ib} n_i^h \left[\rho^h + (1+\mu) x_i^h\right]. \tag{8}$$

　以下では，初めにベンチマークとして，保険者が被保険者の健康状態を正確に知り，健康状態にふさわしい医療サービスの提供を医師に強制することができる場合について考察する．次に，保険者が被保険者の健康状態を正確に知ることができず，医療サービスの選択を，医師と被保険者の意思決定に委ねざるを得ない場合について，政府が選択する医療保険制度と，医療保険制度下の資源配分を求めていく．

第4章 ファースト・ベストの医療保険

　初めに，保険者である政府は，被保険者の健康状態を観察・証明することができ，健康状態に基づく望ましい医療サービスの質の提供，望ましい投資を，医師に強制することができると仮定して分析を行う．このように，政府が被保険者の健康状態に基づく医療サービスを医師に強制できる場合に，政府が選択する医療保険制度を，ファースト・ベストの医療保険制度と呼ぶことにしよう．また，ファースト・ベストの医療保険制度のもとで実現する資源配分を，ファースト・ベストの資源配分と呼ぼう．

　政府は，社会厚生関数 (7) を医師の参加条件 (6) と政府の予算制約 (8) のもとで最大化する最適な被保険者負担 t_{ij}，医療サービスの質 x_i^h，資本 k^h を，すべての $i=r, p, j=g, b, h=1, 2$ について求める．政府が (7) の最大化問題を解くとき，医師の参加条件 (6) は拘束的であるはずであり，したがって医師への固定報酬 ρ^h は，参加条件を等号で成立させる水準に決定されるはずである．(6) を ρ^h について解くことで，

$$\rho^h = -\mu \frac{\theta_{rb} n_r^h x_r^h + \theta_{pb} n_p^h x_p^h}{\theta_{rb} n_r^h + \theta_{pb} n_p^h} + \frac{v(k^h)}{\theta_{rb} n_r^h + \theta_{pb} n_p^h}, \tag{9}$$

が得られる．(9) を政府の予算制約 (8) に代入することで，医師の参加条件と政府の予算制約をともに満たす次の条件を得る．

$$\sum_{ij} \theta_{ij} t_{ij} = \sum_h \left(v(k^h) + \sum_i \theta_{ib} n_i^h x_i^h \right). \tag{10}$$

(10) には，各医師の固定報酬 ρ^h も利益付加率 μ も現れていないことに注意されたい．政府は，ファースト・ベストの投資 k^h と医療サービスの質 $x_i^h, i = r, p, h = 1, 2$ を指定し，(9) が成立するよう，μ と ρ^h を調整する．したがって，μ と ρ^h の組み合わせは，一意的に決定されない．

　社会厚生関数を最大化したい保険者である政府は，被保険者をより距離が近い医師に，すなわち，$s \in [0, \overline{s}/2]$ を医師 1 に，$s \in [\overline{s}/2, \overline{s}]$ を医師 2 に受診させるはずである．被保険者の居住地と所得分布，健康状態の分布は独立なので，$n_r^1 = n_r^2 = n_p^1 = n_p^2 = 1/2$ となる．医師の参加制約と政府の予算制約をともに満たす (10) を用いて，政府の社会厚生最大化問題を，次のように定式化することができる．

$$\max_{\{t_{ij}, x_i\}_{i=r,p, j=g,b}} \sum_i \theta_{ig} \xi(u_{ig}) + \int_0^{\overline{s}} \sum_i \theta_{ib} \xi\left(u_{ib}^s\right) \frac{1}{\overline{s}} ds,$$

$$\text{s.t.} \sum_{ij} \theta_{ij} t_{ij} = \sum_{hi} \theta_{ib} n_i^h x_i^h + v(k^1) + v(k^2). \tag{11}$$

(11) を解くために，次のようなラグランジュ関数を定義する．

$$
\begin{aligned}
L^{fb} &= \sum_i \theta_{ig} \xi(y_i - t_{ig}) + \int_0^{\frac{\overline{s}}{2}} \sum_i \theta_{ib} \xi(y_i - t_{ib} - l + f(x_i^1, k^1) - s) \frac{1}{\overline{s}} ds \\
&\quad + \int_{\frac{\overline{s}}{2}}^{\overline{s}} \sum_i \theta_{ib} \xi(y_i - t_{ib} - l + f(x_i^2, k^2) - (\overline{s} - s)) \frac{1}{\overline{s}} ds \\
&\quad + \lambda^{fb} \left[\sum_{ij} \theta_{ij} t_{ij} - \sum_{hi} \theta_{ib} n_i^h x_i^h - v(k^1) - v(k^2) \right]. \tag{12}
\end{aligned}
$$

λ^{fb} は制約 (10) にかかるラグランジュ乗数である．

　ファースト・ベストの被保険者負担 t_{ij}，医療サービスの質 x_i^h，投資 k^h は，任意の所得水準 i，健康状態 j，医師 h について，次の必要条件

を満たすはずである.

$$-\xi'(y_i - t_{ig}) + \lambda^{fb} = 0; \tag{13}$$

$$-\int_0^{\frac{\bar{s}}{2}} \xi'(y_i - t_{ib} - l + f(x_i^1, k^1) - s)\frac{1}{\bar{s}}ds - \int_{\frac{\bar{s}}{2}}^{\bar{s}} \xi'(y_i - t_{ib} - l + f(x_i^2, k^2)$$

$$- (\bar{s} - s))\frac{1}{\bar{s}}ds + \lambda^{fb} = 0; \tag{14}$$

$$\int_0^{\frac{\bar{s}}{2}} \xi'(y_i - t_{ib} - l + f(x_i^1, k^1) - s)\frac{1}{\bar{s}}ds\frac{\partial f}{\partial x_i^1} - \frac{\lambda^{fb}}{2}$$

$$= \int_{\frac{\bar{s}}{2}}^{\bar{s}} \xi'(y_i - t_{ib} - l + f(x_i^2, k^2) - (\bar{s} - s))\frac{1}{\bar{s}}ds\frac{\partial f}{\partial x_i^2} - \frac{\lambda^{fb}}{2} = 0; \tag{15}$$

$$\int_0^{\frac{\bar{s}}{2}} \sum_i \theta_{ib}\xi'(y_i - t_{ib} - l + f(x_i^1, k^1) - s)\frac{1}{\bar{s}}ds\frac{\partial f}{\partial k^1} - \lambda^{fb}\frac{\partial v}{\partial k^1}$$

$$= \int_{\frac{\bar{s}}{2}}^{\bar{s}} \sum_i \theta_{ib}\xi'(y_i - t_{ib} - l + f(x_i^2, k^2) - (\bar{s} - s))\frac{1}{\bar{s}}ds\frac{\partial f}{\partial k^2} - \lambda^{fb}\frac{\partial v}{\partial k^2} = 0. \tag{16}$$

(13), (14), (15), (16) はそれぞれ,ラグランジュ関数を t_{ig}, t_{ib}, x_i^h, k^h で偏微分して得られる,社会厚生最大化のための必要条件である. (13), (14) は,政府が所得,健康状態の面で多様な被保険者に配慮しながら,被保険者負担を決定することを表している. (15) は,ファースト・ベストの医療サービスの質には,所得,どちらの医師の治療を受けるかに依存しない水準のものが含まれることを表している. (16) より,ファースト・ベストの投資は,資本の限界生産性と限界費用を等しくする.

Proposition 1. ファースト・ベストの医療保険制度は次の性質を持つ.

- すべての所得水準，受診する医師について，

$$\frac{\partial f}{\partial x_i^h}(x^{fb}, k^{fb}) = 1, \ \frac{\theta_b}{2}\frac{\partial f}{\partial k^h}(x^{fb}, k^{fb}) = \frac{\partial v}{\partial k^h}(k^{fb}), \quad (17)$$

を満たす医療サービスの質 x^{fb}，資本 k^{fb} は，ファースト・ベストの医療保険に含まれる．
- 健康状態が同じならば，高所得者の被保険者負担は，低所得者の被保険者負担よりも重い $(t_{rj} - t_{pj} = y_r - y_p > 0, \ j = g, b)$.
- 所得が同じならば，健康状態が悪い個人の被保険者負担は，健康状態が良い個人の被保険者負担よりも軽い $(t_{ig} > t_{ib}, \ i = r, p)$.

　定理1より，社会厚生関数の最大化を目的とする保険者である政府は，高所得者から低所得者へ，健康な被保険者から病気の被保険者へ，再分配を行うことがわかる．特に，定理1から，健康状態の良い高所得者の被保険者負担がもっとも重く，健康状態の悪い低所得者の被保険者負担がもっとも軽いことは明らかである．

第5章　セカンド・ベストの医療保険

　前章では，保険者である政府にとって，真の健康状態が観察可能で，かつ証明可能であると仮定して，ファースト・ベストの医療保険制度を求めた．現実には，政府は，被保険者の健康状態の把握を，医療サービス提供者である医師に委ねざるを得ない．本章では，保険者は，患者の健康状態を自ら直接観察し，証明することができないと仮定して，分析を進める．この仮定のもとでは，保険者は，被保険者の健康状態にもっともふさわしい治療を，契約によって医師に強制することができない．

　もし保険者である政府が被保険者の所得だけでなく，健康状態も完全に把握できれば，病状に対してもっとも適切な治療を医師に指示し，患者に対しては，所得と健康状態に基づいて，被保険者負担を課すことで，ファースト・ベストの資源配分を実現できる．たとえば，医師が真の病名を正直に保険者である政府に申告し，病名に対する治療法が政府によって規定されており，かつ患者の負担も，病名ごとに規定されているならば，ファースト・ベストの資源配分が実現されるだろう．

　しかし，被保険者の病状の把握も，適用する医療サービスの選択も，医師に委ねられている現実においては，被保険者の病状に対してもっとも望ましい医療サービスの質を知りながら，それを超えて医療サービスを提供することが医師の利益になり，また過剰な医療サービスを利用しても，被保険者の負担がそれほど大きくならないならば，均衡で提供される医療サービスの質は，ファースト・ベストの水準を超える可能性がある．ここでは，医師へのインセンティブと，被保険者の

モラル・ハザードが分析の焦点となる.

　実際に，我が国でも，被保険者の負担はどのような治療が施された
かに基づいて計算されており，病名に基づいて計算されているわけで
はない．我が国の医療保険制度では，被保険者は治療を受けた際に，か
かった医療費の一定割合を医療機関の窓口で支払う[4]．しかし，被保険
者の医療保険制度下の負担は，これだけではない．健康状態が良好な
被保険者も，良好ではない被保険者も，医療保険料を納めている．た
とえば，被雇用者が支払う医療保険料は，所得の一定割合として計算
される．国民健康保険料は市区町村ごとに異なるが，所得割部分を含
む．このように，我が国の公的医療保険制度下で，保険料が被保険者
の所得にリンクしており，結果的に所得再分配の機能を持っている．

　本章では，日本の医療保険制度の実際に合わせて，保険者である政
府は，被保険者の負担を，所得に基づく部分と，利用した医療サービス
に基づく部分の合計として徴収するとする．具体的には，政府は，前
章で用いた被保険者負担 t_{ij} に代えて，次の関数で表される負担を被保
険者に課す.

$$
\begin{aligned}
&健康ならば (j=g) \ \tau_i; \\
&病気ならば (j=b) \ \tau_i + ax_i^h.
\end{aligned}
\tag{18}
$$

$\tau_i (\tau_i \le y_i)$ は医療保険料，$a(0 \le a \le 1)$ は医療機関の窓口での自己負担
割合に該当する．医療保険制度がこのようなスキームに基づいて運営
されるとき，$a=0$ ならば保険機能は完全である．しかしながら，$a=1$
でない限り，医療保険は医療サービスの利用に補助を与えることにな
り，医療サービスの質の限界生産性と限界費用が一致する水準を超え
て，過剰な医療サービスが提供されるという非効率をもたらす．

---

　[4]ただし，70歳以上の高齢者の場合，現役並み所得かどうかで，窓口で支払う自己負
担割合が異なる．このことの効果については，後ほど議論する.

政府の予算制約は以下のように変更される.

$$\sum_i \theta_{ig}\tau_i + \sum_{hi} \theta_{ib}n_i^h \left(\tau_i + ax_i^h\right) = \sum_{hi} \theta_{ib}n_i^h \left[\rho^h + (1+\mu)x_i^h\right]. \quad (19)$$

以下では,政府が,被保険者の所得と健康状態に基づくファースト・ベストの被保険者負担を実施できず,(18) で表される被保険者の負担を,医療保険料と窓口負担として,異なる段階で徴収せざるを得ないという制約のもとで,政府が選択する医療保険制度を導出する.このように,保険者が被保険者の所得と健康状態の両方に基づく最善の契約を書くことができないという制約のもとで選択する医療保険制度をセカンド・ベストの医療保険制度,また,セカンド・ベストの医療保険制度のもとでの資源配分を,セカンド・ベストの資源配分と呼ぼう.

ゲームのタイミングは以下の通りである[5].

1. 政府が医療保険料 τ_i, $i = r, p$ を決定し,被保険者から徴収する.同時に医療機関窓口での自己負担割合 a,医師の報酬スキーム (ρ^h, μ), $h = 1, 2$ も決定する.

2. 医師 h が投資 k^h を行う.

3. 自然が個々の被保険者の健康状態を決定する.健康状態が良好な被保険者については,ゲームはここで終わる.健康状態が良好でない被保険者は,次のステージに進む.

4. 被保険者が k^h に基づき,医師を選択する.

5. 被保険者が医療サービス x_i^h を利用し,窓口で自己負担部分を支払う.

まず,ステージ 5 における,患者である被保険者の最適な行動を求

---

[5]Ma and McGuire (1997) では,初めに医師が努力水準を選択し,その後に患者が,医師から購入する医療サービス量を決定する.ただし,彼らは 1 人の医師が独占的に医療サービスを供給することを仮定している.

めよう. 医師 h を受診した被保険者は, k^h を所与として, 効用を最大化する x_i^h を需要する. 効用最大化の 1 階の条件は次の通りである.

$$\frac{\partial f}{\partial x_i^h} - a = 0. \tag{20}$$

(20) は, 結局のところ, 病気になった被保険者は, 医療サービスの質を限界的に増加させることによって得る効果と限界的な費用負担を等しくするような医療サービスの質を求めることを示している. また, (20) より, 均衡で需要される医療サービスの質は被保険者の所得水準と独立である. 同じ医師を受診しているどの被保険者も同じ質の医療サービスを利用することになる. この水準を x^h として表そう. 仮定 2 より, (20) から,

$$\frac{\partial x^h}{\partial a} = \frac{1}{\frac{\partial^2 f}{\partial (x^h)^2}} < 0, \tag{21}$$

を導くことができる. 病気になった被保険者が利用する医療サービスの質は, 窓口での自己負担割合 a が小さいほど高い. $\frac{\partial x^h}{\partial a}$ は, 医療サービス需要の価格弾力性の概念と関連している. もし被保険者の医療サービスに対する需要が, 自分の健康状態のみに基づくならば, 自己負担割合は, 医療サービス需要に影響を与えず, $\frac{\partial x^h}{\partial a} = 0$ であるはずである. しかし, 健康状態だけでなく, 医療サービスの価格も医療サービス需要に影響を与えるならば, $\frac{\partial x^h}{\partial a} < 0$ となるだろう.

　同様に (20) から,

$$\frac{\partial x^h}{\partial k^h} = -\frac{\frac{\partial^2 f}{\partial x^h \partial k^h}}{\frac{\partial^2 f}{\partial (x^h)^2}} = 0, \tag{22}$$

である.

　遡って，ステージ 4 では，被保険者がステージ 5 での自らの医療サービス需要を予想して，医師を選択する．医師 1 は地点 0 で診療しており，医師 2 は地点 $\bar{s}$ で診療している．任意の地点 s に居住している所得階層 i の被保険者が医師 1 を選択するのは，次の条件が成立しているときのみである．

$$f(x^1, k^1) - ax^1 - s \geq f(x^2, k^2) - ax^2 - (\bar{s} - s). \tag{23}$$

次の式で定義される地点 $\hat{s}$ と地点 0 の間に居住する患者が，医師 1 を選択する．

$$\hat{s} = \frac{\bar{s}}{2} + \frac{f(x^1, k^1) - ax^1 - [f(x^2, k^2) - ax^2]}{2}. \tag{24}$$

したがって，病気の被保険者全体に占める，医師 1 を受診する患者の割合は，

$$\frac{\hat{s}}{\bar{s}} = \frac{1}{2} + \frac{f(x^1, k^1) - ax^1 - [f(x^2, k^2) - ax^2]}{2\bar{s}}, \tag{25}$$

である．(20) と (25) より，

$$\frac{\partial}{\partial k^1} \left(\frac{\hat{s}}{\bar{s}} \right) = \frac{\frac{\partial f}{\partial k^1}}{2\bar{s}} > 0, \tag{26}$$

で，医師 1 を受診する患者の割合は，医師 2 の資本を所与とすると，医師 1 が多く投資するほど，増えることがわかる．

　ステージ 2 で医師 1 は，以後の被保険者の行動を予想し，医師 2 の資本 k^2 を所与として，次の効用関数を最大化する資本の水準 k^1 を選択する．

$$\theta_b \frac{\hat{s}}{\bar{s}} \mu x^1 - v(k^1). \tag{27}$$

(22) を用いて，利潤最大化の 1 階の条件は，

$$\theta_b \frac{\mu}{s} \frac{\partial \hat{s}}{\partial k^1} x^1 - \frac{\partial v}{\partial k^1} = \frac{\theta_b}{2} \frac{\mu}{s} \frac{\partial f}{\partial k^1} x^1 - \frac{\partial v}{\partial k^1} = 0. \tag{28}$$

左辺第 1 項は，投資の増大によって患者を追加的に獲得できることから得る医師の利益を表している．均衡では (28) と，(28) に該当する医師 2 の k^2 の選択についての 1 階の条件とが，同時に成立するはずである．2 人の医師 $h = 1, 2$ の利潤関数は k^h についての強凹関数であり，かつ 2 人の医師が直面する環境が同じなので，対称解 $k^1 = k^2 = k, x^1 = x^2 = x$ が均衡となる．付論 1 では，$\frac{\partial k}{\partial s} < 0$ が示されている．お互いに競争している医師間の距離が短いほど，より大規模な資本蓄積が行われる．また，$\hat{s} = \bar{s}/2$ で，$\bar{s}/2$ より左に居住する患者が医師 1 を，右に居住する患者が医師 2 を受診する．

　ステージ 1 で，保険者である政府は，被保険者負担 $\tau_i, i = r, p$, 患者の自己負担割合 a を最適に選択することで，社会厚生関数 (7) を，医師の参加条件 (6)，政府の予算制約 (19)，被保険者の選択に関する 1 階の条件 (20)，医師 1 の選択に関する 1 階の条件 (28)，および医師 2 について (28) に相当する条件 (28′) のもとで最大化する．前章と同じように，医師の参加条件 (6) と政府の予算制約 (19) とをともに満たす次の制約を考えることができる．

$$\sum_i \theta_i \tau_i + \sum_h \frac{\theta_b}{2} a x^h = \sum_h \left(\frac{\theta_b}{2} x^h + v(k^h) \right). \tag{29}$$

　(29) を用いて，政府が解く社会厚生関数最大化問題を次のように定式化する．

$$\max_{\{\tau_i\}_{i=r,p},a} \sum_i \theta_i g\,\xi\,(y_i - \tau_i)$$

$$+ \int_0^{\frac{\bar{s}}{2}} \sum_i \theta_{ib}\xi\left(y_i - \tau_i - ax^1 - l + f(x^1,k^1) - s\right)\frac{1}{\bar{s}}ds$$

$$+ \int_{\frac{\bar{s}}{2}}^{\bar{s}} \sum_i \theta_{ib}\xi\left(y_i - \tau_i - ax^2 - l + f(x^2,k^2) - (\bar{s}-s)\right)\frac{1}{\bar{s}}ds,$$

s.t.(20), (28), (28′), and (29). $\hspace{3cm}$ (30)

政府の最適化問題 (30) を解くために，ラグランジュ関数を設定する．

$$L^{sb} = \sum_i \theta_i g\,\xi\,(y_i - \tau_i)$$

$$+ \int_0^{\frac{\bar{s}}{2}} \sum_i \theta_{ib}\xi\left(y_i - \tau_i - ax^1 - l + f\left(x^1,k^1\right) - s\right)\frac{1}{\bar{s}}ds$$

$$+ \int_{\frac{\bar{s}}{2}}^{\bar{s}} \sum_i \theta_{ib}\xi\left(y_i - \tau_i - ax^2 - l + f(x^2,k^2) - (\bar{s}-s)\right)\frac{1}{\bar{s}}ds$$

$$+ \lambda^{sb}\left[\sum_i \theta_i \tau_i - \sum_h \frac{\theta_b}{2}(1-a)x^h - \sum_h v(k^h)\right]. \hspace{1cm} (31)$$

ただし，λ^{sb} は制約 (29) にかかるラグランジュ乗数である．(31) より，
セカンド・ベストの医療保険制度は，次の必要条件を満たす．

$$-\theta_r g\,\xi'\,(y_r - \tau_r) - \int_0^{\frac{\bar{s}}{2}} \theta_{rb}\xi'\left(y_r - \tau_r - ax^1 - l + f\left(x^1,k^1\right) - s\right)\frac{1}{\bar{s}}ds$$

$$- \int_{\frac{\bar{s}}{2}}^{\bar{s}} \theta_{rb}\xi'\left(y_r - \tau_r - ax^2 - l + f\left(x^2,k^2\right) - (\bar{s}-s)\right)\frac{1}{\bar{s}}ds + \lambda^{sb}\theta_r = 0,$$

$$\hspace{10cm} (32)$$

$$-\theta_{pg}\xi'\left(y_p - \tau_p\right) - \int_0^{\frac{\bar{s}}{2}} \theta_{pb}\xi'\left(y_p - \tau_p - ax^1 - l + f\left(x^1, k^1\right) - s\right)\frac{1}{s}ds$$

$$-\int_{\frac{\bar{s}}{2}}^{\bar{s}} \theta_{pb}\xi'\left(y_p - \tau_p - ax^2 - l + f\left(x^2, k^2\right) - (\bar{s} - s)\right)\frac{1}{s}ds + \lambda^{sb}\theta_p = 0,$$

$$\tag{33}$$

$$-\int_0^{\frac{\bar{s}}{2}} \sum_i \theta_{ib}\xi'\left(y_i - \tau_i - ax^1 - l + f\left(x^1, k^1\right) - s\right)\frac{1}{s}ds$$

$$-\int_{\frac{\bar{s}}{2}}^{\bar{s}} \sum_i \theta_{ib}\xi'\left(y_i - \tau_i - ax^2 - l + f\left(x^2, k^2\right) - (\bar{s} - s)\right)\frac{1}{s}ds$$

$$+\lambda^{sb}\theta_b\left[1 - (1-a)\frac{\frac{\partial x}{x}}{\partial a}\right] = 0. \tag{34}$$

(32), (33), (34) はそれぞれ，ラグランジュ関数 (31) を，高所得者に課す医療保険料 τ_r，低所得者に課す医療保険料 τ_p，窓口での一部負担割合 a で偏微分することによって得る 1 階の条件である．(34) の左辺最後の項では，一部負担割合の変化が，医療保険財政における収入を直接的に増やす効果だけでなく，被保険者の医療サービス需要に影響を与えることで生じる間接的効果も考慮されていることに注意されたい．ここから，セカンド・ベストの医療保険制度のもとで，ファースト・ベストの資源配分が実現されないことを明らかにすることができる．

Proposition 2. セカンド・ベストの医療保険制度は以下の性質を持つ．

- セカンド・ベストの医療保険制度は患者に医療費の一部を負担させる $(0 < a \leq 1)$．セカンド・ベストの医療保険制度のもとで，医療サービスの質 x^{sb} が，ファースト・ベストの医療サービスの質 x^{fb} よりも低くなることはない．
- セカンド・ベストの医療保険制度のもとで医師が保有する資本 k^{sb}

は，医師間の距離 $\bar{s}$ が小さくなるほど大きい．また，医師間の
距離 $\bar{s}$ が小さく，付加利益率 μ が高く，一部負担割合 a が低く，
$\frac{\mu}{\bar{s}} x^{sb}(a) > 1$ が成立するならば，セカンド・ベストの資本 k^{sb} は
ファースト・ベストの資本 k^{fb} よりも大きくなる．

- $\frac{\theta_{rg}}{\theta_r} = \frac{\theta_{pg}}{\theta_p}$，すなわち，高所得者に占める健康な被保険者の割合と，
  低所得者に占める健康な被保険者の割合が等しいとき，セカンド・
  ベストの医療保険料 τ_r，τ_p は $y_r - \tau_r = y_p - \tau_p$ を満たす．すなわ
  ち，セカンド・ベストの医療保険料は，所得から医療保険料を引
  いた可処分所得が，所得階層間で等しくなるように設定される．

- $\frac{\theta_{rg}}{\theta_r}$ と $\frac{\theta_{pg}}{\theta_p}$ の差が拡大し，低所得層に占める病気の被保険者の割合
  が高くなるほど，セカンド・ベストの医療保険料は，高所得層の
  可処分所得 $y_r - \tau_r$ に比べて，低所得層の可処分所得 $y_p - \tau_p$ が高
  くなるように設定される．

　証明は付論 2 を参照されたい．定理 2 は，保険者である政府が 2 つ
の方法で，健康状態が良い個人から健康状態が悪い個人への再分配を
行うことを示している．まず，被保険者の健康状態に基づいて医療保
険料を課すことができないので，健康でない被保険者の割合が高い所
得グループの医療保険料を軽減する．たとえば，現役世代を高所得グ
ループ，退職世代を低所得グループと見なすと，退職世代のほうが健
康状態が良くない被保険者の割合が高いので，退職世代の医療保険料
を軽減することを意味する．

　もう 1 つは，被保険者が受診時に窓口で納める一部負担割合を調整
することである．(34) より，望ましい一部負担割合の大きさは，一部負
担割合に対する医療サービス需要の反応度 $\left(-\frac{\partial x}{\partial a} \right)$ が大きいほど，大き
い．望ましい a が 100% より低いときには，患者が直面する医療サービ
ス利用の価格が，医療サービス提供にかかる限界費用から乖離し，患
者の過度な医療サービス需要を引き起こすからである．

　我が国の医療保険制度では，70 歳以上 75 歳未満の被保険者について，現役並み所得の被保険者の一部負担割合は 3 割であるものの，その他の被保険者の一部負担割合は 2 割と，70 歳未満の被保険者よりも，低く設定されている．75 歳以上の被保険者については，現役並み所得の被保険者を除いて，一部負担割合は 1 割と，一層低くなる．現役世代に比べて経済力，健康状態ともに劣る退職世代への配慮だと思われるが，もし高齢者の医療サービス需要の，価格に対する反応度が高いならば，医療サービス利用を過度に助長している可能性があることに留意すべきである．窓口負担の軽減よりむしろ，医療保険料の軽減という方法に，より高いウエイトを置くほうがよいだろう．

　また，定理 2 は，医師間の距離と医師による投資との関係についても触れている．医師間の距離が近いほど，医師が保有する資本に受診者数がより強く反応する．医師間の競争は過剰な投資を促し，このことが，医師への高い報酬につながる．定理 2 が示唆するように，医師による過剰投資を防ぐためには，付加利益率 μ を低く，医師の報酬の固定部分 ρ^h を高くすることが有効である．出来高払い方式から包括払い方式への移行がこれに該当する．

第 6 章　政策への含意

　5 章の結果を，4 章の結果と比較することによって，我が国の公的医療保険の仕組みについて，重要な示唆を得ることができる．我が国の公的医療保険体制が，(i) 保険者である政府が，医療サービス需要者である被保険者の健康状態の把握と治療を，民間の医療サービス提供者である医師に委任する，(ii) 保険者である政府が分配に関心を持つのに対し，医療サービス提供者は自らの利益を最大化しようとする，という 2 つの特徴を持つことで，エージェンシー問題が発生し，医療サービスの過剰な提供につながる．5 章の分析結果から与えられた処方箋は，(i) 医師の報酬の包括払い部分を増やし，出来高払い部分を減らす，(ii) 被保険者の負担軽減を，窓口負担の軽減ではなく，医療保険料の軽減によって行う，というものであった．まず以下では，我が国の公的医療保険体制の特徴について，順を追って確認していこう．

　Sloan and Hsieh (2012)，井深 (2019) によれば，我が国の医療制度は国際比較において，財源についての公的関与は大きいが，医療サービスの提供については公的関与（公立機関による提供）が小さい Quasi Public System （準公的システム）に分類されると言う．4 章で述べたように，保険者である政府が，患者の所得と健康状態の両方の情報を持っていれば，ファースト・ベストの資源配分を実現できる．政府が患者の健康状態を知っており，それを証明できるならば，医師が標準化された治療方法と異なる治療を行った際に加える罰を契約に含むことで，医師に，政府から見て望ましい医療サービスの提供を強制することができる．政府が，適切な医療サービスの提供が行われているか

どうかを判断するために必要な情報を持っていないことから，保険者である政府と，医療サービス提供者である医師との間に，情報の非対称性が存在する．

　情報の非対称性の存在だけで，過剰な医療サービスの提供が生じるわけではない．高所得者と低所得者との間の公平性だけでなく，健康な個人と病気の個人との間の公平性にも配慮する政府は，医療サービス提供にかかる限界費用を個人に100％負担させないような自己負担割合を設定するかもしれない．実際，被保険者が病気にかかったときに，医療費を全額負担しなくてもよいことで，公的医療保険の保険機能が発揮される．患者の直面する医療サービスの価格が，医療サービス提供の限界費用よりも低い水準に設定されることで，患者は過大な医療サービスを需要するようになり，2章で述べた事後的モラル・ハザードが発生する．できるだけ多くの医療サービスを提供することが，利潤につながるような制度のもとで，民間の医師が，医師と患者との間の専門的知識の非対称性，真の健康状態についての情報の非対称性を利用して，患者に多くの医療サービスの利用を勧めることは，患者の医療サービス需要をさらに助長するだろう．

　Finkelstein et al. (2012)，Finkelstein (2014) は，事後的モラル・ハザードの例として，2008年のオレゴン州の実験を紹介している．オレゴン州は，メディケイド（低所得者に対して用意された公的医療保険制度）によって当時カバーされていなかった低所得者に対して，メディケイドの適用の拡大を図った．予算に制約があったため，くじでメディケイドを適用される者を決定した．このように無作為に抽出された個人は，健康状態に偏りがないと考えられる．Finkelstein et al. (2012) は，抽選から外れた個人の約7％の入院確率に比べて，抽選で選ばれた個人の入院確率が約2％高かったことを示した．また，救急部門ではなく，むしろ救急部門以外の利用が大きく増加しており，緊急の必要性からではなく，むしろ，あまり深刻ではない状態での入院が増えたこ

とを示唆している．このことは，個人の医療サービス需要が，直面する医療サービスの価格の低下に反応しており，事後的モラル・ハザードが発生していることを示している．Finkelstein (2014) は，メディケイドによってカバーされることで，入院だけでなく，医療用医薬品の消費，病院を受診する確率も上昇し，結局，年間の医療費が全体で25％—1 人当たり年間 750 ドル—増加したとしている．喫煙行動の変化など，事前のモラル・ハザードの存在を示唆する結果が得られなかったこととは対照的である[6]．

　Shigeoka (2014) は，我が国の公的医療保険制度のもとで，被保険者の受診行動が，医療サービスの価格の低下に反応した例について分析している．Shigeoka (2014) によれば，年齢が 69 歳から 70 歳になることで医療費負担が段階的に低下することに反応して，外来受診の回数も入院の回数も—軽い症状であっても重い症状であっても—増加する一方で，死亡率や健康状態は影響を受けていない．このことは，患者が直面する医療サービスの価格を多少上昇させても，患者の健康状態には影響がないであろうことを意味する．一方，Shigeoka and Fushimi (2014) は，未熟児医療で医師誘発需要が発生していることを示している．現行制度のもとでは，未熟児の体重によって，新生児集中治療室に無料で入院できる期間が異なる．Shigeoka and Fushimi (2014) は，未熟児に対する治療においては，未熟児の親に比べて医師の情報優位性が大きく，治療に対する需要を誘導できる余地が大きいことを指摘したうえで，病院が還付を申請する際に，未熟児の体重を実際より低く申請し，未熟児の入院期間を長くできるように操作している可能性を指摘している．

　Shigeoka and Fushimi (2014) の分析は，医師誘発需要と事後的モラル・ハザードの発生について，いくつかの重要な示唆を与えてくれる．

---

[6]ただし，Finkelstein (2014) は，メディケイドに加入し，病院に頻繁に行くようになって，医師から禁煙の指導を受け，喫煙行動を慎むようになった可能性を指摘している．

第1に，未熟児治療のための新生児集中治療室入院について，一部，出来高払いが採用されており，このことが医師誘発需要を生み出す重要な要素になっている点である (Shigeoka and Fushimi, 2014, p. 164)．2003年に入院診療に包括払いが採用されたものの，部分的であり，手術や麻酔などの処置には，依然として出来高払いが適用されている．理由は，手術や麻酔等，医師や看護師に重労働を求める治療に対して包括払いを適用すると，病院による患者受け入れ拒否，ずさんな治療などの，負の効果が発生する恐れがあるからである．未熟児診療についても，固定された支払い―本モデル中の ρ^h に該当―に加えて，出来高払い部分―本モデルでは $(1+\mu)x_i^h$―が病院に支払われる．ここから，医療保険制度の設計においては，包括払い導入による診療拒否などの負の効果と，出来高払いがもたらす医師誘発需要との間にトレードオフの関係があることがわかる．

　第2に，医師が医療サービスの利用を増大させるための手段として，未熟児の体重についての申告を操作している点も注目に値する．出来高払い方式の弊害を防ぐための方策として，治療の標準化が挙げられることが多いが，医師が診断を操作する余地があるならば，完全な解決にはならないだろう．

　第3に，患者である未熟児の親は，未熟児医療制度を利用すれば，医療費を負担しなくてもよい．このことは，親が直面する医療サービスの価格が0であることを意味する．本モデルが示唆するように，被保険者が直面する医療サービスの価格が低いことで，医師による過剰な医療サービス提供が受け入れられやすくなっているのも事実であろう．ただし，本モデルと異なり，未熟児医療においては，新生児集中治療室を持っている病院は限定されており，医療サービスの提供者は競争的な環境に置かれていない．むしろ，地域的な独占に近いかもしれない．このような場合には，たとえ親の負担が大きいとしても，医師による，入院期間を長くするための誘導が観察されるかもしれない．豊

田・中川・松浦 (2017) は，数多くの病院・医師が存在し，患者が複数の病院・医師の治療方法を比較することによって過剰診療を見破ることができる地域よりも，特定の病院が独占的に医療サービスを提供している地域のほうが，医師誘発需要が観察される可能性が高いとする仮説を設定している．そのうえで，既存の病院が独占的な地位を占めている可能性の高い不採算地区で，医師誘発需要が発生している可能性が支持される結果を得ている．

　このように，医療サービスの過大な利用が，被保険者側の事後的モラル・ハザードによるものか，医師側の誘導によるものかを，完全に識別することは難しい．しかし，被保険者による事後的モラル・ハザードと医師誘発需要のどちらが支配的かを識別することは重要である．たとえば，入院基本料を変更させる制度改正の効果について考えてみよう．事後的モラル・ハザードの効果のほうが支配的であれば，入院基本料の引き上げは，被保険者の平均在院日数を減らすかもしれないが，医師誘発需要が優勢であれば，医師による平均在院日数増加への誘導が観察されるだろう．

　図 3 は，横軸に都道府県別常勤換算医師数，縦軸に都道府県別病床数／医師数をとった散布図である．もっとも医師数が多い東京，2 番目に医師数が多い大阪を除いても，医師数が多くなるほど，医師 1 人当たりの病床数は少なくなる傾向があることが見てとれる．一方，図 4 は横軸に都道府県別人口 10 万対常勤換算医師数，縦軸に都道府県別病床数／医師数をとった散布図である．人口 10 万対医師数の値は，医師間の競合の度合を近似していると解釈できる．図 4 より，医師の密集度が高い都道府県でも，医師 1 人当たりの病床数は減らず，むしろ，若干ではあるが，上昇する傾向が認められる．医療サービス提供者間の競争が，設備を充実させる誘因となることを示した本モデル分析の結果と整合的である．図 5 は，都道府県別病床数／医師数（横軸）と都道府県別平均在院日数（縦軸）の関係を表したものである．両者の間

図 3　都道府県別医師数と病床数／医師数

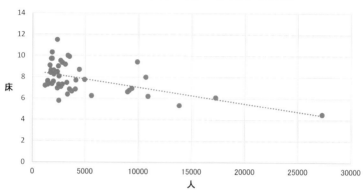

データ出典：「平成 29 年医療施設（静態・動態）調査・病院報告の概況」

図 4　都道府県別人口 10 万対医師数と病床数／医師数

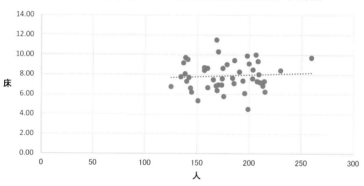

データ出典：「平成 29 年医療施設（静態・動態）調査・病院報告の概況」

には正の相関関係があることがわかる．供給側の要因が医療サービス
利用に強く影響していることがうかがわれる．これらの図は，医師の
密集度以外にも存在する，他の都道府県間の差異―たとえば，人口高
齢化の進展の度合，地形による通院の負担の違い―をコントロールし
ていないので，結果の解釈には留意が必要である．しかしながら，こ
れらの図の検証から，医師の密集度と医療サービス利用との間に，一

図 5　都道府県別病床数／医師数と平均在院日数

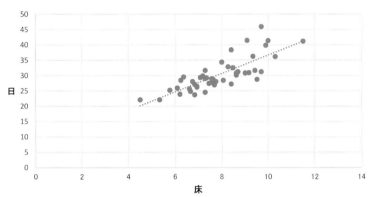

データ出典：「平成 29 年医療施設（静態・動態）調査・病院報告の概況」

定の関連性があることがうかがわれる．

　以上の結果を，国家間の医療制度の相違がもたらす効果として解釈
することができるかもしれない．アメリカやドイツ，イギリスなどが
導入しているゲートキーパー制のもとでは，一般家庭医であるゲート
キーパー医が特定地域における，登録された住民に対して独占的に初
期診療を行い，専門医の受診や入院などが必要かどうかを判断する．し
たがって，ゲートキーパー医の間での競争は，評判の良いゲートキー
パー医の診察を受けるために住民が移動しなければ，ほとんどないと
言える．一方，患者が自由に医師や病院，医療技術を選択することが
できるフリー・アクセス制が，日本の医療制度の特徴の一つとして挙
げられる．フリー・アクセス制のもとでは医師間の競争が存在し，医
師の投資が医療費の増大に結びつく可能性がある[7]．我が国では，1 人
当たり病床数が多い地域で，1 人当たり医療費も大きい傾向があるの
は，よく指摘される事実である．

[7]医師による投資に関する本分析の結果を，国による医療へのアクセスの違いに応用
する点については，井深陽子氏の助言に大きく依っている．ここに感謝申し上げる．

第 7 章　結語

　本分析では，我が国の医療保険制度の特徴を反映させた理論モデルを構築し，どのような状況で，被保険者による事後的モラル・ハザードが発生するかについて考察を行った．

　我が国の医療制度について，財政面で政府の関与が大きいことは，第 6 章で触れた通りである．たとえば，組合健保，協会けんぽと比べて高齢者の加入割合が高い国民健康保険では，財源に占める保険料収入は 1/2 で，国庫負担が 41/100，都道府県負担が 9/100 である．75 歳以上の高齢者が加入する後期高齢者医療制度も，保険料収入が占める割合は 1/2 で，1/3 を国，1/12 を都道府県，1/12 を市町村が負担している．高齢者が多く加入する医療保険に対して，国や地方から大きな財政移転が行われているのは，経済面・健康面で平均的に弱い立場にある高齢者への配慮が反映されていると思われる．一方で，医療サービスの提供については，他国と比較しても，政府の関与は大きくなく，医師の裁量に大きく委ねられている．我が国の医療制度はフリー・アクセス制に分類されており，患者は自分の望む医療機関，医療技術に自由にアクセスすることができる．医師の視点から見れば，医師が患者から選ばれることになる．

　本分析では，患者は医師の保有する資本を比較し，もっとも好ましい医師を選択することができる．医師間の競争の帰結として，患者は大規模な施設，高度な医療設備を持つ医師を受診するようになる．また，保険者である政府が，公平性への配慮のために，医療機関窓口での自己負担割合を低く設定するとき，利用される医療サービスは，ファー

スト・ベストの水準と比べて過剰になるだろう．

　個人間の所得に差異があることを仮定したうえで，望ましい医療保険料の性質についても分析を行った．ファースト・ベストの医療保険は，被保険者の所得の多寡と健康状態に応じて，異なる医療保険料を課し，被保険者の医療サービス利用に応じた負担は課さない．一方，保険者が被保険者の健康状態を直接知ることができない状況で設定するセカンド・ベストの医療保険では，健康状態が悪い被保険者の割合が高い所得グループに軽い医療保険料を課す．現役世代を高所得グループ，退職世代を低所得グループと見なすと，健康状態の悪い被保険者の割合が高い退職世代に，現役世代に比べて低い医療保険料を課すことを意味する．

　現実の医療保険制度では，低所得の高齢者への配慮は，医療保険料だけでなく，自己負担割合の設定にも反映されている．70〜74 歳の被保険者の自己負担割合は原則 2 割で，現役並み所得者は 3 割である．75 歳以上の被保険者は原則 1 割負担で，現役並み所得者の 3 割と比べて，さらに差は大きい．また，所得によって，高額療養費制度の自己負担限度額も異なっている（69 歳以下に適用される限度額については表 1 を，70 歳以上に適用される限度額については，表 2 を参照）．このように実際には，医療保険料と医療費自己負担の両面において，高齢者への配慮がなされているが，財政上は，これら 2 つは代替的な手段である．前者と後者の違いは，後者は高齢者の医療サービス需要に影響を及ぼし得る，という点にある．労働所得が高い高齢者にとっては受診・入院の機会費用が高いので，医療サービス需要の価格弾力性は低いと考えられる．低所得の高齢者のほうが，医療サービス需要の価格弾力性は高いだろう．所得階層によって，価格への感応度がどのように異なるかについての実証分析をもとに，適切な医療保険料と医

表 1　69 歳以下の自己負担限度額

年収	ひと月の限度額（世帯ごと）
約 1160 万円–	252,600 円 +（医療費 − 842,000）× 1%
約 770 万円–約 1160 万円	167,400 円 +（医療費 − 558,000）× 1%
約 370 万円–約 770 万円	80,100 円 +（医療費 − 267,000）× 1%
–約 370 万円	57,600 円
住民税非課税世帯	35,400 円

表 2　70 歳以上の自己負担限度額

年収	ひと月の限度額（世帯ごと）
約 1160 万円–	252,600 円 +（医療費 − 842,000）× 1%
約 770 万円–約 1160 万円	167,400 円 +（医療費 − 558,000）× 1%
約 370 万円–約 770 万円	80,100 円 +（医療費 − 267,000）× 1%
–約 370 万円	57,600 円［外来（個人ごと）18,000 円］
II 住民税非課税世帯	24,600 円［外来（個人ごと）8,000 円］
I 住民税非課税世帯	15,000 円［外来（個人ごと）8,000 円］

療費自己負担を，併せて設計することが望ましい[8]．

　また，Aron-Dine et al. (2012) は，医療費の金額が限度額を超えると医療費をそれ以上負担しなくてもよい—すなわち，医療サービスの価格が 0 になる—制度のもとでは，限度額に達するまでの個人負担割合を増大させて医療サービスの価格を上昇させても，個人は，医療費が増大すればいずれ価格が 0 に到達することを予想し，その分，価格上昇への反応が弱まることを示している．高額療養費制度では，低所得高齢者のほうが，高所得高齢者に比べて，少額の医療サービス利用によって早く限度額に達する．自己負担割合や限度額が低いことの直接的効果に加えて，事後的モラル・ハザードを助長するこのような効果についても考慮すべきであろう．

---

　[8]泉田 (2004) は，入院日数の所得弾力性は −0.36，総受診日数の所得弾力性は −0.247 であり，所得が高いほど，入院日数や総受診日数が減ることを示している．ただし，泉田 (2004) の分析は組合健保のレセプト・データを用いている．分析対象者の年齢は 15〜69 歳であり，現役世代の所得弾力性を推定したものであることに注意が必要である．

付論 1

均衡では医師 1 と医師 2 の反応関数が同時に成立する.

$$Z^1 \equiv \frac{\mu\theta_b}{\bar{s}} \frac{1}{2} \frac{\partial f}{\partial k^1} x^1 - \frac{\partial v}{\partial k^1} = 0;$$

$$Z^2 \equiv \frac{\mu\theta_b}{\bar{s}} \frac{1}{2} \frac{\partial f}{\partial k^2} x^2 - \frac{\partial v}{\partial k^2} = 0. \tag{35}$$

したがって，次の関係が成立する.

$$\begin{pmatrix} \frac{\partial Z^1}{\partial k^1} & \frac{\partial Z^1}{\partial k^2} \\ \frac{\partial Z^2}{\partial k^1} & \frac{\partial Z^2}{\partial k^2} \end{pmatrix} \begin{pmatrix} \frac{\partial k^1}{\partial \bar{s}} \\ \frac{\partial k^2}{\partial \bar{s}} \end{pmatrix} = \begin{pmatrix} -\frac{\partial Z^1}{\partial \bar{s}} \\ -\frac{\partial Z^2}{\partial \bar{s}} \end{pmatrix}. \tag{36}$$

ただし，

$$\frac{\partial Z^1}{\partial k^1} = \frac{\mu\theta_b}{\bar{s}} \frac{1}{2} \frac{\partial^2 f}{\partial (k^1)^2} x^1 - \frac{\partial^2 v}{\partial (k^1)^2} < 0; \tag{37}$$

$$\frac{\partial Z^1}{\partial k^2} = 0; \tag{38}$$

$$\frac{\partial Z^1}{\partial \bar{s}} = -\frac{\mu\theta_b}{\bar{s}^2} \frac{1}{2} \frac{\partial f}{\partial k^1} x^1 < 0; \tag{39}$$

$$\frac{\partial Z^2}{\partial k^2} = \frac{\mu\theta_b}{\bar{s}} \frac{1}{2} \frac{\partial^2 f}{\partial (k^2)^2} x^2 - \frac{\partial^2 v}{\partial (k^2)^2} < 0; \tag{40}$$

$$\frac{\partial Z^2}{\partial k^1} = 0; \tag{41}$$

$$\frac{\partial Z^2}{\partial \bar{s}} = -\frac{\mu\theta_b}{\bar{s}^2} \frac{1}{2} \frac{\partial f}{\partial k^2} x^2 < 0. \tag{42}$$

したがって,

$$\frac{\partial k^1}{\partial \bar{s}} = \frac{-\frac{\partial Z^1}{\partial \bar{s}}\frac{\partial Z^2}{\partial k^2} + \frac{\partial Z^1}{\partial k^2}\frac{\partial Z^2}{\partial \bar{s}}}{\frac{\partial Z^1}{\partial k^1}\frac{\partial Z^2}{\partial k^2} - \frac{\partial Z^1}{\partial k^2}\frac{\partial Z^2}{\partial k^1}} < 0; \tag{43}$$

$$\frac{\partial k^2}{\partial \bar{s}} = \frac{-\frac{\partial Z^1}{\partial k^1}\frac{\partial Z^2}{\partial \bar{s}} + \frac{\partial Z^1}{\partial \bar{s}}\frac{\partial Z^2}{\partial k^1}}{\frac{\partial Z^1}{\partial k^1}\frac{\partial Z^2}{\partial k^2} - \frac{\partial Z^1}{\partial k^2}\frac{\partial Z^2}{\partial k^1}} < 0, \tag{44}$$

を得る.

付論 2

　定理 2 の 1 番目の点について，(34) の左辺は，ラグランジュ関数を a で偏微分したものであるが，$\lambda^{sb} > 0$，$\frac{\partial x}{\partial a} < 0$ なので，$0 < a \leq 1$ が保証される．したがって，$x^{sb} \geq x^{fb}$ を得る．

　定理 2 の 2 番目の点の初めの部分は，付論 1 の (43), (44) で明らかにしている．次の部分は，(17) と (28) との比較から明らかである．

　定理 2 の最後の 2 点について，$m_i \equiv y_i - \tau_i$，$z \equiv ax + l - f(x, k)$ と定義する．前者は，所得階層 i に属する被保険者の所得から医療保険料支払いを引いた可処分所得，z は，病気の被保険者が，健康な被保険者に比べて余分に負う経済上・健康上の負担を表す．(32), (33) より，次の関係式を得る．

$$\frac{\theta_{rg}}{\theta_r}\xi'(m_r) + 2\int_0^{\frac{\bar{s}}{2}} \frac{\theta_{rb}}{\theta_r}\xi'(m_r - z - s)\frac{1}{s}ds$$

$$= \frac{\theta_{pg}}{\theta_p}\xi'(m_p) + 2\int_0^{\frac{\bar{s}}{2}} \frac{\theta_{pb}}{\theta_p}\xi'(m_p - z - s)\frac{1}{s}ds. \tag{45}$$

$\frac{\theta_{rg}}{\theta_r} = \frac{\theta_{pg}}{\theta_p}$，すなわち，高所得者に占める健康な被保険者の割合と，低所得者に占める健康な被保険者の割合が等しいとき，(45) より $m_r = m_p$ を得る．

　$\frac{\theta_{rg}}{\theta_r}$ の値はそのままで，$\frac{\theta_{pg}}{\theta_p}$ をわずかに減少させると，$m_p > m_p - z - s$ なので，等号の右辺が大きくなる．$\xi'' < 0$ なので，等号を回復するためには，m_p を増やすか，あるいは m_r を減らさなければならない．以上の議論によって，命題 2 の最後の 2 点も証明された．

参考文献

[1] 井伊雅子・別所俊一郎 (2006) 「医療の基礎的実証分析と政策：サーベイ」『フィナンシャル・レビュー』 March, pp. 117–156, 財務省財務総合政策研究所.

[2] 井深陽子 (2019) 「医療経済学の現状　医療費の構造」『経済の進路』 No. 683, pp. 21–22, 三菱経済研究所.

[3] 泉田信行 (2004) 「入院医療サービス利用に関する分析」『季刊社会保障研究』 40(3): 214–223.

[4] 豊田奈穂・中川雅之・松浦克己 (2017) 「自治体立病院の効率性—不採算地区立地と医師誘発需要—」『日本経済研究』 No. 74, pp. 84–97.

[5] Aron-Dine, Aviva, Liran Einav, Amy Finkelstein, and Mark Cullen (2012) "Moral Hazard in Health Insurance: How Important is Forward Looking Behavior?" NBER Working Paper No. 17802. National Bureau of Economic Research.

[6] Arrow, Kenneth (1963) "Uncertainty and the Welfare Economics of Medical Care." *American Economic Review* 53(5): 941–973.

[7] Blomqvist, Åke, and Henrik Horn (1984) "Public Health Insurance and Optimal Income Taxation." *Journal of Public Economics* 24(3): 353–371.

[8] Blomqvist, Åke (1997) "Optimal Non-linear Health Insurance." *Journal of Health Economics* 16(3): 303–321.

[9] Breyer, Friedrich, and Andreas Haufler (2000) "Health Care Reform: Separating Insurance from Income Redistribution." *International Tax and Public Finance* 7(4-5): 445–461.

[10] Cremer, Helmuth, and Pierre Pestieau (1996) "Redistributive Taxation and Social Insurance." *International Tax and Public Finance*

3(3): 281–295.

[11] Ehrlich, Isaac, and Gary Becker (1972) "Market Insurance, Self-Insurance, and Self-Protection." *Journal of Political Economy* 80(4): 623–648.

[12] Finkelstein, Amy (2014) "Moral Hazard in Health Insurance–Developments since Arrow (1963)." In: Amy Finkelstein (ed) *Moral Hazard in Health Insurance*. New York: Columbia University Press.

[13] Finkelstein, Amy, Sarah Taubman, Bill Wright, Mira Bernstein, Jonathan Gruber, Joe Newhouse, Heidi Allen, Katherine Baicker, and the Oregon Health Study Group (2012) "The Oregon Health Insurance Experiment: Evidence from the First Year." *Quarterly Journal of Economics* 127(3): 1057–1106.

[14] Gruber, Jonathan (2014) "Commentary." In: Amy Finkelstein (ed) *Moral Hazard in Health Insurance*. New York: Columbia University Press.

[15] Ma, Ching-To Albert, and Thomas G. McGuire (1997) "Optimal Health Insurance and Provider Payment." *American Economic Review* 87(4): 685–704.

[16] Nuscheler, Robert, and Kerstin Roeder (2015) "Financing and Funding Health Care: Optimal Policy and Political Implementability." *Journal of Health Economics* 42: 197–208.

[17] Pauly, Mark (1968) "The Economics of Moral Hazard: Comment." *American Economic Review* 58(3, part 1): 531–537.

[18] Rothschild, Michael, and Joseph Stiglitz (1976) "Equilibrium in Competitive Insurance Markets: An Essay on the Economics of Imperfect Information." *Quarterly Journal of Economics* 90(4): 629–649.

[19] Shigeoka, Hitoshi (2014) "The Effect of Patient Cost-sharing on Utilization, Health, and Risk Protection." *American Economic Review* 104(7): 2152–2184.

[20] Shigeoka, Hitoshi, and Kiyohide Fushimi (2014) "Supplier-induced

Demand for Newborn Treatment: Evidence from Japan." *Journal of Health Economics* 35: 162–178.

[21] Sloan, Frank A., and Chee-Ruey Hsieh (2012) *Health Economics.* Cambridge: MIT Press.

[22] Zeckhauser, Richard (1970) "Medical Insurance: A Case Study of the Tradeoff between Risk Spreading and Appropriate Incentives." *Journal of Economic Theory* 2(1): 10–26.

著者紹介

寺井　公子

1985 年　徳島大学教育学部卒業

1998 年　東京大学大学院経済学研究科修士課程修了

2003 年　東京大学大学院経済学研究科博士課程修了
　　　　（経済学博士）

現在　　慶應義塾大学経済学部教授
　　　　元・三菱経済研究所研究員

日本の公的医療保険とモラル・ハザード

2020 年 2 月 10 日　発行

定価　本体 1,000 円＋税

著　　者　　寺　井　公　子
　　　　　　テラ　　イ　　キミ　　コ

発 行 所　　公益財団法人　三 菱 経 済 研 究 所
　　　　　　東 京 都 文 京 区 湯 島 4-10-14
　　　　　　〒 113-0034 電話 (03)5802-8670

印 刷 所　　株式会社 国 際 文 献 社
　　　　　　東 京 都 新 宿 区 山 吹 町 332-6
　　　　　　〒 162-0801 電話 (03)6824-9362

ISBN 978-4-943852-75-9